당신의 울음을 필사하는 하얀 밤

당신의 울음을 필사하는 하얀 밤

문지아 시집

시인의 말

희망은 태어난 적이 없으며
절망은 철마다 다시 자랐다
죽음을 조는 새벽이
뿌옇게 퍼진 후에야
발 없이 추락하는 고백과
토해낼 수 없던 사연들로
울먹임만 자꾸 뛰어오르는 그날
맥박을 가지기 시작한 새날이었다
조용히 안아 올리는 내일이었다

차 례

● 시인의 말

제1부

서시의 반대말도 모르는 서시 ──── 15
당신의 울음을 필사하는 하얀 밤 ──── 16
리허설 ──── 18
오늘의 물집 ──── 20
오늘의 풍선 ──── 22
백야 ──── 24
유빙의 온기 ──── 26
백야 ──── 29
가라앉지 않는 파동 ──── 32
묘연杳然 ──── 34
로그인 ──── 36
가위 ──── 38
일가족 ──── 40
암실과 레퀴엠 ──── 42
닻 ──── 45
닻 ──── 46

제2부

상심의 위력 ——— 50
흔痕의 연혁 ——— 52
태동 ——— 55
사라졌습니까 ——— 56
수몰지구 ——— 58
수몰지구 ——— 60
석류 ——— 62
석류의 안색 ——— 64
커튼 ——— 66
80년 동안의 분만 ——— 68
예보하지 않은 걸음 ——— 70
보온 ——— 72
어느 날, 나는 ——— 73
목각 안개 ——— 76
페이드아웃 ——— 78
장마 ——— 80
마트료시카 딜레마 ——— 82

나무는 천국 속에서 자란다 ──── 84
피와 시 ──── 86

제3부

봄비 ──── 91
Ghost Town ──── 92
드라이클리닝 ──── 94
심장 위에서 ──── 96
증명의 오차 ──── 98
손오공이 근두운이라면 ──── 100
엄마는 참치의 화석이 아니다 ──── 102
스토커 ──── 104
수세권이라는 말 ──── 106
13주 후 ──── 107
냉장고와 치매의 100분 토론 ──── 108
소문처럼 흩어져 떠도는 한 사람 ──── 110
비의 성별 ──── 112
중심 잡는 시계 ──── 114

통증 ──── 116

나선 ──── 117

야광 ──── 118

회전문에 낀 염낭거미 ──── 120

▨ 문지아의 시세계 | 정훈 ──── 123

당신의 울음을 필사하는 하얀 밤

제1부

서시의 반대말도 모르는 서시
— 아버지 문충성 시인께

숨소리가 절필을 앞둔 것 같다
적절하고 합당한 시기에 바쳐야 할
마지막 눈물을 가둬야 한다
비가 움푹 그린 동그라미, 동그라미
하늘도 땅을 섬긴다는 영전靈前일까
당직처럼 남아 병실이 끓는 동안
아버지께 전공을 들킨 듯 다른 길을 간
가방 속 여권을 내려놓는다
포트가 감실대듯 쿡쿡 밭은 후에야
잊었던 커피 분말을 끄덕 쏟자
모래 위 뛰놀던 그 시절의 소녀가
놀이는 끝났다며 운동화를 벗고 다가온다
야금야금 뒤축의 피를 빼는 구두를 신고
벌써 두 달째 머무른 1103호실
처음엔 두터웠던 일력이 뜯겨 야위어질 때
마흔이 넘어서야 주워듣는 역설의 소리
절필이 아니라 시를 쓰는 새로운 숨소리
비로소 제주 바다의 풍랑이 옮겨 쓰는 서시

당신의 울음을 필사하는 하얀 밤

당신의 이목구비가 비로소 서사를 갖기 시작하였다

특이점 없는 무험의 속 오늘의 날씨에서
의지를 가지고 바라보는 너는
가만히 가만히 나를 계산하고 있었음이라
발화되기도 전 표정들과 함께 다 잠겨버린 소식들의 혀를
더 이상 구해내지 않음으로써 이해를 포기하며
각자 구기다 놓아버린 무용의 종이컵들처럼
사연은 점점 멀어져 간다

오직 한 사람의 표정으로만 성큼거리던 저녁
소용이 다 되어 떨어져 나가는 포스트잇처럼
이제 '세월'에서의 오늘이 곧 떨어져 나갈 뿐

당신의 울음을 옮겨 적는 밤
열정은 좀처럼 뜨거워지지 않는 그런
내 눈에 이미 가득 차오르는 것이 계절임을 모르고
자꾸만 자꾸만 봄으로 뒷걸음질 치는 나는

드문드문

있다

건너갈 수 없는 하나의 몸을 오래오래 쫓는다

아무런 기억도 기억해 내지 않은 채

그저 전속력으로

지나쳐야만 했던

리허설

전봇대처럼 드리운 나뭇가지의 그림자는
도로를 가로질러도 멀쩡하다

바닥에 매트를 깐 공원
맥박이 멈춘 듯한 그넷줄을 붙잡는다

길 건너 편의점에서도
항우울제를 팔까?

귀가하는 엄마들이 파트타임 마치고
다이소에서 신경안정제를 살 수 있을까?

사자 코끼리 얼룩말 판다 기린이 둘러싼
펜스

조형의 초원은 달림을 멈춘 채
다문 입으로
생기발랄하게 웃고 있는 것 같다

그네 옆에 그네가 걸린
해상도 흐린 여름 공기 속을 교차하는
방과 후

초등학교 담장 너머 종소리가 울리면
시소도 집 방향으로 내려간다

흙이 떠난 자리
떨어진 운동화 한 짝을 주워 갈아 신고

노트 줄을 삐뚤삐뚤 이탈하는 글씨처럼
한 아이가 함박 번진 어린이보호구역

오늘의 물집

기상 캐스터 입술에 물집 하나 잡혔다

언제 터질지 모르는 물집은 열대저기압의 눈동자들
대부분 적란운에서 번개가 친다

남쪽부터 북상 중인 물집은
생방송 중에 터져 우산의 간격으로 내렸다

엄마의 입관은 잠기고
전국적으로 레인부츠가 울먹거렸다

물집은 비의 심장,
안으로, 안으로 젖어 들어가는 우기雨期에
수포성 물집은 장마의 부스러기들
물의 성질로 구름이 낄 때마다 간질거렸다

언제 터질지 모를 물집 속에
구름과 번개와 천둥과 우산이 들어 있는

우기의 사물들

빗나가는 일기예보는 오늘의 물집

비가 잠시 쉬어갈 때
엄마의 하관은 개인적 다큐멘터리의 결말이다

오늘의 풍선

가장 높이 뜨는 얼굴을 그리고 싶어요
가장 먼저 터지는 양수를 경험하고 싶어요
어디에도 닿지 못한 손 하나가
어느 순간 실을 끊고 날아가서 인증하고 싶어요

풍선을 무조건 따라가는 아이들과
아이들을 매달고 다니는 풍선이 날개라면
날아간다고 할까요
놓쳤다고 할까요

아이들이 놔준 풍선이
이틀 후에 밝혀질 유에프오라 해도
그 끝이 어디인지 질문을 날려 보내도

하늘은 팽창해서 자꾸만 미끄러지고
풍선과 손의 간격은 아득보다 까마득해서
손에 쥐었던 풍선은 뒤를 돌아보지 않는 새들

저 새들은
날아가기 좋은 날씨를 검색해 봤을까요
오늘은 바람이 까맣다고 나왔을 텐데
까만 하늘에 헬륨 가스로 부푼 풍선은
하늘의 옷,

어느 하늘이든 손이 놓친 옷이 있어요

백야

터널을 백야로 채운다

섭식을 멈추고도 호흡과 뼈대와 근육이 붙고
잠 없이,
안정적인 숨을 쉴 수 있다

도망가지 않는 눈앞의 먹이가
맹수의 이빨로 다가와서 수염을 빗긴다
오래 씻지 않은 얼굴을 핥는다

굶주림은 끝까지 남아 괴롭히는데
저쪽에 가서 놀라고 먹이를 떠민다

사냥을 멈춘 채 안도하는 맹수를 직접 만나
인터뷰한다

"나를 사육하는 주인이 비건입니다
내가 물어뜯는다면 주인을 배반하게 되오"

약을 처방받는 대신에
검은 비닐봉지를 뒤집어쓰고 대기실에 앉아
발바닥에 붙잡힌 행성들을 떠올렸다

블랙홀 허락 없이 회오리는 일지 않는다

갤럭시 플립형을 밀어 올려 광휘에 싸인
백야 속 풀을 조심스레 깨우는 맹수

묶어둔 괄호가 풀린 순간, 과호흡을 지운다
시공을 단번에 메운 일사불란한 별들

유빙의 온기

오른쪽으로만 가는 당신을 보내기 위해
왼쪽으로만 열심히 걷고 있어요

시들어가는 고백은 발설하지 않기 위해
(고백이란 먹는 거였나요?)

꾹꾹 입술을 누르며 숨을 참아보아요
우리는 항상 그래 왔잖아요

수줍은 한 손이 악수를 청할 때
바쁜 한 손은 주섬주섬 가방을 챙겨 들어요

진심 어린 한 사람의 온기는
그 흔한 크레바스도 만들지 않고

단단한 빙하 속을 떠돌 뿐이고
내민 손은 늘 마주 잡힐 필요는 없는 거죠

아직도 우리가 있는 곳은 부옇게 흐려 있네요

큰비가 올 때마다 갈비뼈가 으스러져 버리는
투명 우산은 잊기로 해요

이제 잎들을 다 벗어버려 벌벌 떨게 될 나무들에
따스한 눈길 한 번 보내볼 수 있을 테니

그저 고단했던 눈을 감았다가 다시 떠볼까요

질리지도 않는 맥박 소리를 들으며
막연히 쇼팽의 녹턴을 흥얼거리던 세상을
그대로 다행히 기억이 살리고 있으니

서서히 유빙 되어 떠내려가는 얼굴과 빨간 얼룩은
나 이제 더는 쫓지 않기로 할게요
바라보며 소원해도 결코 가까워질 수 없는 당신

더 이상 앉을 주인 없는 낡은 의자들을 줄 맞춰
밀어 세우고

나는

한 꺼풀 한 꺼풀 전생이 될 삶을 벗어요

백야

들숨과 날숨이 고요히 가라앉을 때,
묶어두었던 괄호가
서서히 벌어졌다

빛을 건디던 문장들이
폭포처럼 쏟아져 내렸다
눈앞에서 먹이를 놓친
굶주린 육식동물처럼
눈, 눈빛, 눈알, 눈동자…
모든 것이 흔들리고 있었다

엇갈리며 닫힌 트렁크들이 꿈틀거린다
잘못 담긴 불온한 숨들이
서로를 물고 뜯으며 요동친다
미래가 통째로 몰락해 갈 그 거리를
조용히 눈으로 쓸어내린다

수요일의 표정을 두른 얼굴을 기다리며

되돌이표처럼 돌고 도는 질문들을 맞는다
다시 가져볼 수 있을까
언어가 문장이 되며
어떤 장면으로 환생하는 순간을

모든 별이 떨어지는 순간,
바람이 일어났다.
침묵 속에서 하얀 소름이 돋는다
그것은 시작이었다
재앙이 스며드는 순간.
세 번의 긴 침묵이 지나가고
기다리다 새로운 채널을 추가한다
사건들이 비처럼 내리는 안개 속에
깊이깊이 스며든 첫날
여기저기 모르는 사람들의 집들이
허물어 내리기 시작하고
당신보다 훨씬 커다란 체취 안에서 나는
이제 단단히 고정되고,

더 이상
'만약'을 키워내지 않도록 한다

사과하는 밤은
결코 물러서지 않고

다시 또 까만 밤이 다가오네

가라앉지 않는 파동

십여 분 잠 속으로 미끄러졌다
올해 최고 기온이 기록된 오후

열기와 그늘이 교차하는 틈새
네 목소리가 출렁이듯 흔들린다

성을 한 글자씩 나눠 붙인 이름이
눈에 띄게 줄어드는 욕조

숨을 쉬려 눈을 뜰 때
폭우의 파편이 튕겨 나간다

뚝뚝 떨어진 사지四肢를
오래전부터 삼켜온 바닥

타일을 넘어가지 않도록
벽은 울음소리를 그러모은다

내 안에서 십여 분 잠이 들면
기일도 없이 맞는 최저 기온

밖을 향해 뛰어오는 파동처럼
깨진 거울 위로 김이 스민다

묘연杳然

바다 강 호수
전부 사람의 이름이야
거기 빠져 죽는 사람 말이야

묵주처럼 빛을 발하는 돌들을 만지는 기도
잠깐의 울음이 흐를 수도 있겠지

수많은 이름이 범람할 때
그 어떤 지시어조차 가져볼 수 없었어
더 이상 나타날 수도 더 깊이 사라질 수도 없었지

백열등 먼지들이 밤의 굵기를 말하고
같이 있어도 더 확실해지지 않는 입속의 언어들

하루이틀 봄 여름
바다 호수 강
시간 공간과 무관하게
그저 환절기마다 앓고 지나고 마는 흔한 감기처럼

잠시 왔다가
결국
영원히 사라져 버리는

축복에는 종족이 없어
그럼 모두가 성전인 걸까?
소원하지 말아야 하는 것들이 없어지기 전에
간절히 소원하던 것들 먼저 자취를 감추고 만다

너는 이제 물의 표면을 목까지 당겨 잘 덮고
하얗게 통곡은 쌓여만 가고

하얀 통곡은 쌓여만 가고

로그인

서랍 속에 숨겨둔
잘 마른 날개를 꺼내는 아침,
잠든 사이 뒤틀린 발목처럼
몽유의 흔적을 헤집으며
녹슨 부리와 엔진을 닦는다

날 수 있을까?
얼음이 무성한 땅 위,
사나운 길고양이가 이빨을 드러낼 때,
작은 새는 시절의 폭풍을 견딜 수 있을까?
심장 하나, 뜨겁고 조그마한 생의 중심을
끝끝내 뺏기지 않을 수 있을까?

서랍 맨 밑에서
광고창처럼 덜컥 나타나는 경고,

"달으려면 오늘 하루를 포기하라."

나는 여전히 서랍을 뒤적이며
가까스로 오늘을 눌러 담는다

없어지기 위해 로그인하는 나날,
그러다 마침내 발을 뗀다
공중에서 흔들리는 비행처럼,
여닫는 간절기 창문처럼,
나는 맴돌다
떨어지고,
떨어지다
다시
떠오른다

가위

입을 벌리는 용도는 어긋나기 위함
깜빡임이 잦은 눈꺼풀을 날처럼 세운다
귀소본능 강한 차량을 뚫고
길이 벌어지도록 구애한다
운전대 이탈한 오른손 주먹을 꽉 쥔 채
저릿한 저녁이 어서 퇴장해 주기를
사방에 울려 퍼지는 경적 속에서
익사하지 않게 도로 위에 자동차 바퀴는
조금씩 발을 밀어낸다

잃었던 사람을 다시 사랑해도 될까
창밖으로 동전을 던져 앞면이면 하고
뒷면이면 하지 않는다
배수구에 껴 꼿꼿이 서버린 동전
펜촉은 갱지 위를 사각거린다
차선을 표시하다 찌부러진 개미가
치사량을 잉크처럼 쏟는 겨울
가위질당한 말들이 공중에 피어난다

결정체도 전하지 못할 땐 흩날리는 것뿐

일가족

태풍이 몇 차례 들렀던 개울
물속에서 불 속을 지나온 듯
물고기 세 마리는 달구어졌다

누군가 먼저 불길에 닿았는데
어스름하게 내려앉은 밥은
알맞게 지어지고 있었다

반사신경이 살려낸 거야,
햇빛을 오랜만에 쐬어 흔들렸어

제자리로 돌아왔을 때
계속 켜져 있던 버너

빛을 통과한 일가족이
의사를 점검했다

끓인 국의 국물이 식을수록

혈흔으로 변했다

어둠이 번개탄처럼 부서지고
공중 곡예사같이 번뜩였던 별에서
살며시 깃털이 내려앉은

텐트 안,
한 몸 위에
다른 몸과 몸이 겹친 어느 아침

암실과 레퀴엠

도착하는 완전한 어둠의

가장 깊은 내부를 향하여

창밖의 어둠은 충분히 깊어지지 못하였으므로
검은 옷 속에 몸을 담은 한 개의 단단한 결심
가장 희미한 별 하나만을 기억하자
새벽 세 시의 주소를 꼭 쥔 채 터벅이며 도달한 그곳
어둠이 동그랗게 주위를 직시하는 축시丑時의 암실
지구가 좀 슬퍼하고 있었던 시각

오른쪽부터 젖어 드는 낯선 축축함
추상이 흐른다
마지막이길 바라며 같이 실려 온 검은 노트는
선한 운명 대신 허연 여백만 드러낸 채
사람들 사이에서 수줍게 회람될 테지

고통으로 점철된 점자를 더듬듯
마지막 인사만이 빛바랜 얼굴로 숨었을 뿐

거뭇한 시절의 기억들과 의연한 손짓과
흐릿해져 가는 사연들에 대해 언급하지 말 것!

모든 것은 이 세상 가장 컴컴하고 모호한 곳에 두기로 하자

사방으로 증식되고 증식되어져
덜어내도 덜어내 봐도 한 치도 줄어들지 않는
어두움만이 반복, 반복되는 시간
다가올 새벽을 부정하며 저항하듯 울려 퍼지는 멜로디 하나
라크리모사 눈물의 날*

종이로 태어난 칼들로 만들어진 페이지들은 하얗지
사람만큼 커져 버린 꽃들처럼 붉은 인사가 마지막에 숨
었어
기억은 점점 날카롭게 그 시절에는
얼음도 까만색, 몸에서 가장 날카로운 곳들을 모아
정숙!
단 한 곳으로 얼려둘래

얼음의 빛이 태어나기 전에 얼음의 그림자를 만들래

모든 음악의 중력은 새벽과 평행선이어서
의미 없이 반복되던 어느 날
그날
빛도 어둠도 나도 타인도 더 이상 남아 있지 않을
멜로디만 무한히 영속되어질 그저 그런 밤
조용히
나의 혼자를 위하여

* 모차르트 레퀴엠

닻

코트를 꺼내 입고 거리를 나섰다. 바깥 주머니에서 영수증이 나왔다. 구겨진 가게가 나왔다 다시는 가고 싶지 않은 상점도 나왔다. 낯선 사람들의 이름만 있는 종이를 찡그린 손. 잉크를 떨어뜨리듯 걸었다. 번져가기만 할 뿐 도무지 결집되지 않는 오후, 쓸모 있는 것을 찾는 안주머니에서 닻이 나온다. 흉터처럼 흉측하여 보는 것만으로 아파오는… 바람이 인파를 지우는 사이, 역 출구는 전면 폐쇄됐고 거치대엔 낡고 안장이 낮은 자전거가 묶인 채 담배 연기를 받아냈다.

닻

아무리 기다려도
무너진 뼈대로 자꾸만 헛돌며 다가오는
바람
머물렀던 것들이 깊은 흉터를 남기며
통증을 전해오지만
눈사람의 체온처럼 차갑기만 했지
편의점 테이블 위
잔뜩 구겨 버려진 종이컵들의 양상으로
가장 바닥에 있어야만 제 몫을 해낼 수 있는
닻처럼
끝까지 전력을 다해 가라앉아야
비로소 떠오르는
아픔도 있다
영혼이 없는 눈동자는 자꾸 지워져 가지
어둠 속에서 당신의 시선은
이미 소진되었고 말이야
낯선 사람의 이름만 살고 있는
당신의 입술만이 반짝거린다

입술을 무수히 떠다니던 문장들의 무덤에는

묵직한 침묵만이 순장된다

제2부

상심의 위력

그 시절 나
물음이 되고 싶었지
부엌에 누구 있니?
발음을 낳으려다 아스라이 사라지는 입술
나직하게 반복되는 이어옴
낭떠러지 같은 미래 구간을 예견하며
서로의 구원이 된 다음 생각해 보자던
약속을 남발하는 손가락
지문 희미해지고
하늘을 등지고 눈을 감아버린 채
수직으로 투신하는 새의 흔적도 가물가물
눈물은 집이 없어서 흘러
나약한 의지처럼 접힌 빈 박스가
죄 없는 사람들로부터 회수되는 거리엔
벗어버린 각자의 표정들만이 시간으로 두터워진다
우리 처음을 간직하며 살아갈 수 있을까
내일이 통째로 삭제될 거라고
미래는 없다 예고해서

오늘만 늘리는 중인데
지금 비로소 시작된 비극 속으로
온전히 걸어갈 수 있을까

찰나가 늙는다

이어서

다시

우리는

사라지고 있었다

멀어지고 지워지며
감기 같은 투명으로만
서로의 마음 안에서만 흐르게 될
우리는

흔痕의 연혁
— 아무 밤의 찰나적 악몽

알 수 없는 묘연한 것들이 부재의 기미로 다가오는 그런 시간 그믐에 어울리는 형체를 걸친 달은 교교한 태도로 이 모든 상황을 곁눈하고 있다. 이미 완전하게 죽은 사람들이 히죽거리며 헐렁한 걸음으로 죽어가는 후임들을 배웅하고 있다. 다 죽은 사람들이란 바쁠 게 없지. 하루라는 시간이 습관적으로 저항 없이 지나가는 과거로 다시 한번 부식되어 가는 밤이다. 밀리 생상스의 '죽음의 무도'가 엷게 엷게 풍겨오는 그런… 지극히 안개적으로 희붐해져 오는

한 꺼풀 한 꺼풀 어느 날보다 더 적극적으로 나는 전생이 되어질 분위기를 정성스레 벗기 시작한다 습관처럼 한 손이 다른 손을 포개어 감싸 쥐고 하루치의 용기를 애써 쥐어 짜내며, 앉을 주인이 없는 늙은 나무 의자들을 줄 맞춰 세워본다 의미를 배설해 낼 수 없는 창문들이 스스로 함구하고 제 몸에 드러나는 시절의 흉터들을 하나씩 지워가기 시작한다 멀리서 나오는 관계없는 작은 새가 떨어져 내린다 삶을 잃

어가는 초점 없는 눈이 오래도록 마음에 와 박힌다 무음의 진하고 독한 메시지가 어느 날 무심코 날렸던 부메랑처럼 천천히 돌아와 가슴속에 박힌다 일종의 복선이 되어지는 걸까 너무나도 낯이 익은 아무 날 아무 때의 데자뷔 같은.

  어둠에서도 매끄럽게 빛이 나는 돌들이 있었다 앞엔 무엇이 펼쳐져 있어도 상관없을 거야 그저 바다여도 혹은 그저 강이어도 그마저 아니면 그저 호수라도 말이야 누가 먼저랄 것도 없이 우리는 웃으며 집어 들고는 하나씩 하나씩 삼켜 넘기고 있었지 조그맣고 하얀 매끄럽게 빛을 밭아내는 그곳의 돌들을 말이야 뚝뚝 일정한 반죽을 떼어내 동글동글 손바닥 위에서 정성스레 새알심을 굴려내던 어린 시절 엄마의 얼굴이, 엄마의 땀방울이 떠오른 건 아주 잠시였어 세상에서 가장 부드럽고 귀한 걸 받아먹듯 우리는 천천하게 천천하게 다시 천천하게 그것들을. 아주아주 매끄럽게 식도를 쑥 타고 미끄러지듯 타고 내려가는 건 통쾌하고 기적과 같은 일이었어. 그 흔한 상흔조차 없이 뜨뜻미지근한 것은 아무것도 역류하지 않더라

얼마나 삼켰을까 까맣던 주위가 빛처럼 퉁퉁 붇고 나는 미래에 폐기될 낡은 기타줄처럼, 너는 기타처럼 손을 맞잡았다, 하얀 돌들이 돌에 대한 상상처럼 계속 쌓여만 갔지 이건 영혼의 머리? 꼬리? 나도 모르고 너도 몰라 그런데 왜 아무도 죽지 않을까, 훈 내가 물컹하도록 딱딱해진다, 내가 삼킨 것들의 형태가 나보다 더 안기 좋다, 안고 머리를 비비기 좋아 훈아, 우리는 꿈속에서도 사람이었는데, 왜 물속에서도 늪 속에서도 살 수 없었나 먼지들만이 밤의 굵기를 측량한다 너의 빗변은 나의 신

훈

깜빡 잠든 사람의 손가락이 밤새도록 누르고 있는 스페이스바처럼 실외가 멀어져 가는구나

태동

정오의 그림자가 초음파로 태동을 찾는다
그늘 밑 살랑거리는 날개가 마를 때마다
나를 덮은 채 묵념처럼 숨을 쉬었다
어른을 통째로 싸 먹을만한 잎을 가진
이 커다란 나무도 버킷리스트가 있을까
하늘은 엉겁결에 익숙할 이목구비들과 이별할 듯
구름을 연이어 내보내며 하품을 하기 시작한다
이미 죽은 사람들이 헐렁하게 걸으며
죽어가는 사람들을 마중하는 시간이 오기 전에
주인 없는 늙은 나무 의자들을 줄 맞추고
소용이 다 되어 나풀거리며 떨어져 나가는 포스트잇처럼
멀리 창공을 벗어난 노란색의 추락을 본다
이제 열정은 다시 뜨거워지지 않는다
피 나고 아픈 인사를 마지막으로 숨겨 둔 채
전속력으로 그저 지나쳐야만 했던 길고양이같이
더 이상 건너갈 수 없는 몸을 오래오래 쫓는다

사라졌습니까

까무룩, 까무룩

숨들이 하나씩 죽어간다

탕, 탕, 탕

매끄럽던 몸이 칼날에 토막 나고

그 안에서 덜 자란 의미가 기어 나온다

죽음이 임박할수록 생의 절규는 절박해지고

마디마디 숨들이 판결을 기다리는 죄수처럼 움츠러든다

모든 것이 서서히 멈춰가고

피가 흐르지 않아도 차분히 죽어가는 것들

죽는 방법을 이미 알게 된 나

세계는 여전히 둥글게 돌아가고

하늘의 연극은 끝나며

검은 장막이 천천히 내려온다

두려움의 면적이 넓어지며

내장은 항의하고 심장은 박자를 멈춘다

나는 점점 독립적으로 변해가고

모든 것이 나였다는 증명은

꿈틀대는 조각들로 남아 있다

놀이터의 빈 그네가
속절없이 흔들려 오는 밤
카르마를 짊어진 사람들이
여름밤을 깊게 지나간다

수몰지구

절망은 사람의 목발이라네
맨 앞에서 발목이 슬어 더 이상 나아가지 못하는
그 사람의 꿈들이 떠나간 자리엔,
베개처럼 눕는 슬픔들이 물속으로 가라앉고 있어

통곡은 리허설조차 없이 매혹적이야
누구의 가슴에도 각주로 달 수 없는 슬픔,
어느 기도문에도 퇴고되지 않는 기도들이
범람하고 또 범람하지

계절마다 되풀이되는 건
삶을 구원한다는 사제들의 말뿐,
그러나 그 말마저 얼어붙어 가는 것을 보았네
무겁게 언 강물 위로는
시간이 부서지며 흘러가고,

떠난 자들의 흔적은 빛을 잃은 채
물결 속으로 잊혀 가고 있지

물속 깊은 곳에서조차
여전히 들려오는 건 한숨 같은 물결 소리.

희미한 희망조차 녹아내린 땅,
그러나 그곳에도 아픔을 감싸안은 봄이
언젠가는 찾아올까
아니, 그저 얼음이 녹아 흐르는 일만 남았을까

수몰지구

누운 네가 떠올랐다

동명이인 한두 명은 집계되었을 텐데
베개는 어떻게 알아보고
무리를 빠져나간 머리카락 몇 가닥을
가져다주었을까

아침마다 이마를 짚으며 빗겨주었기에
그의 머릿결임을 단박에 알아차렸다

희미한 환영의 옹알이가 들렸다

날을 지새우면
오늘과 오늘만 이어지는 수몰지구

아이가 걸어간다
모르는 애들과 뒤섞여 소꿉놀이한다
그네를 타다 엄마 목을 조른다, 나는

푹신한 벽 같은 베개를 끌어안는다

한통속처럼 묶은 사제가

닳아빠진 구원을 외는 소리

잠긴 물이 서서히 빠져나가자

지상은 통째로 복원된 카타콤 같았다

석류

힘겹게 쥔 손을 천천히 푼다
손바닥 안 서사는 먼지처럼 흩어지고
창문마다 내가 있었거나,
네가 있었거나,
밤하늘엔 검정이 겹겹이 깔리고
아침은 차마 닿을 수 없는 천국처럼 아득하지

번쩍 들어 올린 노란 버스가
입술 위 깊은 흑백을 지나가고
서로의 창문에서 같은 성분이었던 우리는
신경 안정제를 삼키며
기억을 난간 너머로 밀어내자
증명은 휘발되어
깊이를 잠재우는 자장가가 된다

너와 나의 기분은
원산지를 교환할 수 없는 차를 마시듯
어딘가 쓴맛을 남기고,

고해실을 나올 때마다 흉터는 선명해지네
부재가 아닌 편재라 한들,
세계는 이미 부서지고
창문은 모두 깨졌는데
수많은 당신의 나는 어디에 있는가

간절기처럼 밀려오는 것,
어느새 새 식구가 생긴 것,
어쩌면 돌봄이 필요한 건
우리 자신이었는지도 모르지

석류의 안색

양막을 단 지갑 속에 내리던
붉은 눈이 그쳤다

갈라진 입술을 열어
식은 국을 떠먹는 사이

실온 보관된 증명서류처럼
석류알이 확인되었다

쓰임을 당한 여자는
혼자서 창문을 꿰뚫기로 했네

둘러싼 눈초리들이
주머니를 털며 한파를 꺼냈다

그러나 자신에게 깃든 맥동은
부서지지 않을 것이라고

밝지 않은 빛이 스민 지하가
입덧만큼이나 짙네

주삿바늘을 삼키는 혈색에
밀폐된 고시텔이 들어 있다

결정만 남을 때까지
찌꺼기가 처리된 새벽

스스럼없는 흰 울음을 물린다
창밖으로 붉은 눈이 내린다

커튼

나침반을 손에, 쥐고
커튼 뒤로 숨어드는 소년
그 안에서 그는 모험가, 과학자, 마라토너, 해답을 찾는 사람

당장이라도 나올 듯 뛰는 발걸음
나, 바깥에서 애칭을 부른다
커튼 너머 보이는 흐릿한 얼굴

소년의 운동화, 너무 커서
첫걸음마처럼 **툭 툭 툭**
양말도 늘어나 흘러내린다
커튼의 높이로 너를 느끼고 지워지고

엄마의 침대로 달려가 낮잠을 자는 척 누워
문이 열릴 때까지, 문이 닫히자마자
커튼 속으로 다시 돌아가 숨는다

내가 너의 이름을 **_느린 속도로 불러야만 하는 이유_**

첫날 우리 집에 온 고양이처럼

소년, 감췄다가, 머뭇, 그리고

커튼이 살랑인다, 여기는 안과 밖

80년 동안의 분만

기대수명이 연장되는 관심은 동그랗다

그럴수록
밤이 창의 안쪽을 닦으며
새벽이 바깥쪽을 닦는 다음 날

외계 신호를 기다리다
머리카락이 하얗게 센 천문학자처럼 수신기를 닦는다

닦는다는 것은

문지르거나 씻거나, 없애려고, 훔치거나, 고르게 만들거나 다지거나
익히거나, 도를 닦거나, 휘몰아서 나무라는 것

다이얼을 돌리는 전화기부터 무선 전화기
삐삐 피처폰 갤럭시 서대문에서 일산까지
어제는 기쁘게 잊히고 거듭나는 오늘만 세워둘 뿐

으스러지는 뼈 위로 새로운 지문들이 돋으면

태어나기만 했던 시작
이제 너, 망각으로 닫힌다

밤의 바깥에서 나머지 창들이 일제히 안에서 닫히는 새벽

80년 동안 문을 열어 새벽이슬이 내려앉는 입이 무거운 입술을 낳는 중

예보하지 않은 걸음
— 故 오요안나를 추모

밤의 너머에서
밤이 걸어오는 소리가 들려요

내게로 다가오는 밤의 소리는
비문보다 방언에 가까워 울음으로 해석해요

스마트폰에 저장된 고인의 눈동자를 보는 눈동자는
떨림 이상입니다

빌딩을 배경으로 한 컷은
한 번도 보지 못한 마지막 추모
아래에서 위를 향하게 사진을 찍고
대각선으로, 그리고 아래로,
바닥에서 바닥으로
연속 촬영이 찰칵거려요

빌딩은 견고한데
바람은 왜 흐느끼는 리듬으로 쉬었다 갈까요

새벽이 가까워집니다

창문에 비친 또렷한 얼굴들처럼 고인을 읽으며

누군가는 하울링을 합니다

추모는 강풍에도 흔들림 없이

새벽의 끝에서

눈보다 먼저 마음에서 흘러내립니다

보온

　부엌 빛이 고슬고슬 하얗게 탈색된다. 캄포 도마 위 낙지가 먹물을 쏟다. 식칼로 끊는 팔다리가 태아처럼 꿈틀거린다. 최후의 기습에 눌렸던 나는 거칠게 쌀을 씻고 뿌연 물을 흘려보낸다. 밥알의 볼륨이 살아나길 바라면서 검은 너를 커트한다. 몇 달 전보다 한층 단단한 머릿결. 미열처럼 아직 사이사이 곱슬이 자란다. 뇌줄 맘 없이 여러 갈래 입안을 맴도는 촉수의 저녁

어느 날, 나는

볕이 잘 드는 바위 위에

힘껏 주물러 빤

눈물 젖은 심장을 말린다

그 심장이 있던 자리

무엇보다 더 파랗고 매끈한

빛나는 돌을 집어넣는다

희미한 숨들이 새벽 공기에

바르르르 떨리어 오고

쇠약해졌던 넋은

비로소 비춰오는 햇살에

정신을 차리며 눈을 떠 온다

혀를 적시며 알랑거리던

속이려는 자의 떨림이 멈춰지고

뚝뚝

들려오는

말과 글이 끊기는 소리

이내 지워지는

그날들의 불결한 기억들

욕정과 탐욕의 생명은
차가운 '눈'들로 불살라지고
저 멀리 희미하게 들려오는
유쾌하게 장사 지내는 소리
희미해지고 싶던 마음은
커다란 모노크롬으로 남겨지고
이제 번뇌는 사라질 것이다
이제 하얗게 표백될 것이다
더없이 맑고 단단해진
나의 심장은

어느 날, 나는

심장을 깨끗이 빨아 넣고

다시 깨어난다

온전한

나로

목각 안개

그라인더의 손을 응시합니다

예후를 모르는 조용한 미열처럼
원두의 피는 점점
두터운 빨간색이 되어갑니다

아이들이 나오기를 기다리죠
한걸음 물러선 길은 스크린 도어 같아요
차례대로 플랫폼에 선 채
각기 목적지 다른 소풍을 마칩니다

밤새 쓴 벚꽃의 이력이 찢깁니다
미끄럼틀 바닥에서 자신을 깔고 미는 나
눈 깜박할 사이에 팽창한 자궁 밖으로
긴긴 비가 내려옵니다

체온이 가라앉고, 언제부터였을까요
고기능 자폐로 태어난 종이에

주저흔을 새기는 버릇

그라인더가 멈추었습니다

페이드아웃

처음부터 예정된 유괴였다
달아나려 몸부림친 탈취 현장에
핏방울은 판박이처럼 새겨졌다

산물이 흘러내린 여자
그녀는 라이터 속에서 나이 들어가는 몸
날로 작아지는 몸

IQ3인 금붕어는 점화 어항을 선택했고
알록달록한 분노를 천천히 부추겼다

뻐끔거리며 세상을 다 산란해 본 듯
중절한 이름을 담배 연기처럼 내뱉었다

위로, 충고, 축복도 어항에 모여
여자 앞에 톱니바퀴를 튕겨 입을 벌리는데
스위치를 끄기 전

알프람정, 스틸녹스, 애드빌을 잘 버무려
사료처럼 뿌리는 그녀

가라앉은 기운은 밖을 넘보지 못한다
치켜뜬 눈이 곤두박질친 무대

뒤집힌 채 유영을 꿈꿨지만
내일 아침엔 누그러들어야 했으므로
금붕어는 IQ3답게 둥둥 사는 것

장마

거울은 자꾸만 차오르는 여름으로 가득해가고 거울에 비친 여인의 심장 옆 커져가는 상처, 계절을 뚫고 오르네

빈집에 홀로 앉아 우주 속에서 어지러운 숨을 내쉬던 그 날, 마지막 겨울이 안간힘을 다해 바람을 불어대던 그 순간부터 내 자존심은 공처럼 굴러가고 있었지. 순간의 오해들이 서로에게 날카로운 흉기가 되어 우리를 해치고, 평안은 점차 화석처럼 굳어져 갔어.

당신의 이름을 매끄럽게 입술 안쪽에서 굴리며, 다시 당신을 마주한다면 분명하고 정확한 마음 하나를 전하기로 결심했어. 잠깐의 부주의로 우수수 떨어져 버린 포도알처럼, 미움과 원망은 차츰 떨어져 나갔고, 한 알의 둥글고 단단한 마음만이 남아 있었지.

비가 내리는 창밖을 바라보다가, 나는 문득 빗방울이 왜 항상 동그랗게만 흐르는지 궁금해졌어. 그들은 왜 협의라도 거친 듯 그렇게 모여드는 걸까? 시간이 지나고, 상황이 더

이상 지속될 수 없다고 판단되는 그 순간, 비로소 모든 것을 단념할 수 있었어.

  이제 새로운 문장들은 모두 둥글게 다듬어질 거야. 나는 모든 빨간색을 버리고, 당신을 놓아줄 거야. 순수하고 온화해지기 위해서지. 지금 나는 여름을 조금씩 벗어내는 빗줄기를 바라보며, 색이 빠질 때까지 빨아들여 맑음을 채우기로 했어. 죽어버린, 혹은 내가 죽인 계절들과 당신의 흔적이 양 주머니 속에 가득해지는데, 주머니가 터져갈 때마다 그 마음은 더욱 시큰거려. 밤이 나에게 사과하러 반걸음씩 다가오고 있어.

마트료시카 딜레마

걸음마를 뗀 아이에게
머리를 땋아주고 웃음을 잘라줘야지
덜컹대는 6호선에 앉아 졸다가 깨다가

건너편 터널이 서서히 들어온다
속에서 속으로 겹치는 칸

자동문은 점점 작은 모습으로 줄어들다,
열리다, 닫히다,
안을 둘러보듯 안을 닫는다

자궁 외 임신처럼
태어나기도 전에 놀지 말라는 곳에 빠져

미소를 띠지 않는 마트료시카
눈을 뜨지 못하는 마트료시카
점점 숨통을 죄는 마트료시카
더 서 있을 수 없는 마트료시카

화장 지운 마트료시카를 한 아름 안고

임산부석에 앉아서

집에 가는 길

나무는 천국 속에서 자란다

귀퉁이부터 야위며 위대해지고 있었구나
천국의 방향으로 자랐던 나무 한 가지가
파편인 듯 떨구어 내는 꽃망울은
이른 조문법이었을까

양수처럼 안고 있다가 또 꽃말로 흩어지는가
낮게 쉬는 마지막 비를 두 번 맞으며
평생 들키지 않으려 제자리에 머문 채 우는 봄

꺾인 나뭇가지 하나 남기고 태어난 나는
짝짝이로 신고 나온 양말 같았지
저만치서 가물거리는 울음을
지펴 끌어 올려 꽉 목까지 채워준 엄마는
얼굴 윤곽 하나 없는 임신중독증

절개한 만큼 들어가
저만치서 가물거리는 저 몹쓸 나무는
멀미 한번 없이 자라나 천국까지 뻗어 오르고

이제 반년쯤 남았다는 엄마의 암은

여러 과가 섞인 처방 약을 삼키는 밤으로 남았다

피와 시

회복실에 잠든 나를 이미 깨어난 나는 지켜본다
일어나면 진실을 사실대로 말해야 할지

여전히 깨끗해 보여도 폐업을 앞둔 건물이
늦었지만 살아가야 할 건물에 알렸다

사람이 건너가고 있는데도
웬 차가 달려들어, 중얼거릴 때
때마침 바뀌어 복선처럼 켜진 적색 불

이어서 지나가는 둔탁한 레미콘에
하얀 선을 떨며 꼭 밟고 서 있는
나

위탁 판매 게시물로 올렸다가
도로 거둬들인 시집

아버지는 허공처럼 몸을 지운 채

전등을 켜놓고 바라보고 계신다

내 속에서 피 말리는 자
나는 네게서 나를 벗어나고 싶다*

깨어 있는 내가 잠든 나를 바라봤을 때
얼마 전 세상에 내놓지 못한 원고와
아무것도 없는 내가 닮았다고 여겨졌을 뿐

소리 없이 등장한다
눈물방울
줄줄이

* 문충성

제3부

봄비

왈칵

왈칵

자라는 중인가

빗물 고인 웅덩이에 입김같이 숨기척이 일면

저무는 하루 밑동을 덮은 낡은 보풀이 발긋발긋해진다

두 발을 말아 뿌리내리는 돌자갈들까지 굴러온다

빗방울을 하나하나 세던 응원군처럼

빗줄기 달고 아스팔트 위 곁길의 수목장을 까맣게 지켜본다

누군가 뉘엿뉘엿 가는 중인가 보다

Ghost Town
― 루시퍼와 함께

이렇게 걸어가다 당신에게 들키고 싶어
당신 앞에선 얼마든지 넘어져도 견딜 수 있을 테니
따뜻하게 불러주던 말, 이 세상에서 유일하다던
그 말이 생생해
떨어진 꽃잎들을 모조리 짓밟으며 걸어가면
절대 사라지지 않을 영원에 도달하겠지
좀 더 세상을 공부했다면
좀 더 표현을 예습했다면
우리는 적절한 표정을 입고
사랑을 얘기할 수 있었을까
밤이 어떻게든 오고야 말듯이 자꾸 감기어오는
눈꺼풀을 비비며 깜박여봐도
흘러내릴 것은 반드시 흘러내리고 말지
설익은 감정도 농염해진 오해도 하릴없던 통곡마저도
수백 개의 문장들은 마침표를 달고 공중에서 분해되고 말아
피가 모자라 아득해지며 자꾸 떨리어 감기는 눈꺼풀이
무거워지네

어둠을 확실히 탕진해 버린 밤이 후퇴하며
상서로움이 무한정 침체되고 있던
그곳에서
서로의 라비린스Labyrinth를 한참 헤매다
겨우 잃게 된 사람들은 잊자
추억은 침수되고 지향들이 익사한다

이제 간결한 낯설음으로 기억되어질
그곳을 버리며

관계를 감당하던 질량들이 더 심하게 흔들리기 전
우리 얼른 여권 들고 이 궤도에서 도망치지 않을래
더 이상 껴안을 수 없는 간격은 포기하고
그 어떤 밤으로도 증명할 수는 없지만
마지막
끝없이 깊어질 우리의 안락을 꿈꾸며

세상에 우리가 안 들릴 때까지 멀리 사라져 가자

드라이클리닝

오래전 분실한 기도는 세탁소로 향한다
사제복, 승복, 명상이 걸린 몸통이 말끔히 다려진다
봐봐요,
식탁 위 올라온 신생아도 당신과 내가 아닌
내가 아는 무덤과 가장 닮았어요.
뱃속에서 사라지지 않는 일곱 생명에게
얌전히 있었니? 오늘 하루를 묻고
흙을 찢고 밀쳐 올라온 잎의 입술에 먹이는 유아식
다른 사람들은 믿지 않는다,
맡겨 놓았던 기도를 찾으러 성급히 다녀오는 길
다가오다 멀어지는 것들, 왔다가 되돌아가는 것들
부메랑처럼 멈추지 못한 채 날아가는 것들
세탁물의 얼룩을 빼는 중인 드라이클리닝도
구김 당한 심장을 다시 펴기란 불가능하지
코인과 사인한 종교만 우뚝 서 있을 뿐
세탁소엔 얇아진 신앙이 없고
나는 더 이상

아닐 뿐이고

심장 위에서

춤을 출 때면 언제나 나는 여자 피겨 선수
바늘이 길을 낼 때
울려 퍼지는 음악에 맞춰 날을 세운, 그 궤적을
꿰차고 오른쪽으로 돌아요.

뒤축으로 빛을 뿌리며 환호를 끌어낸 내게
당신은 다가와 묻죠.
— 이름은?
— 부츠.

주변은 금세 어둠으로 덮였고
나는 얼음 위에서 엉덩방아를 찧었어요.
— 관중이 떠난 광장에서 뭐 하고 있었지?
— 흰 바다를 바라보고 있었어요.

펜촉 끝은 레코드를 읽는 목발처럼
통로를 쭉 되짚으며 굴곡을 그리네요.
— 은퇴 선수가 여긴 웬일이야?

― 튕겨 나간 음계를 주워 안무를 구성하려고요.

전성기는 한낮의 햇살 같아서
내리쬐다 말고 스쳐 가버리죠.
― 곧 막차 시간이다.
― 고마웠어요. 코치.

마지막 손 인사를 건네고 나서야
옛 영광을 냉동시켜 둔 채 써 내려가는 무대
― 이제 뭐 할 거야?

― 왼쪽으로 돌려고요.

증명의 오차

열 달이 지날 때마다
함량만큼 파기된 살갗을 가리킨
체중계

표시에 맞춰 얘기한다,
확신할 수 있겠어?

코트를 걸치고 몸을 잴 때
디지털은 거짓말로 속삭인다

걸친 걸 다시 내려놓고 올라서니
남이 찍어준 사진처럼 진실했다

체중 2.5kg,
측정할 필요 없이 버려진 나체

표준이 아녔더라면
멈춘 발차기와 점프를 올려놓고

스스로를 속일 일도 없었을 것

무게를 짓밟는다,
숫자가 박살 난다

센서가 새긴 혈연을
혼자서 공유하는 애도 같이

손오공이 근두운이라면

구름이 떨어지는 모습을 바라본다
손을 뻗어 닿을 수 없는,
그 먼 하늘이 무너지는 것처럼

밖으로 떨어지는 온갖 색색의 장난감들
그날의 기분에 따라
내동댕이쳤던, 옷을 입히다 만 바비인형처럼
가끔 유쾌해질 때면

이불 밖으로 후 비눗방울을 불어 보며
프리즘을 통과한 것 같은
무지개를 떠올리기도 했었지

아니, 어쩌면 나는
어쩌면 몰래 꿈을 뿌리고 있었을지도 모른다

오늘도 담요를 얼굴 위로 끌어올려
입술에 돋은 돌멩이 같은 상처들을

하나씩 구름 속으로 던진다
아무도 모르게,
아무도 찾을 수 없게

그러나 구름 속에서
제주의 바다가 모습을 드러낸다
흔들리는 물결 위로
아버지의 목소리가 바람을 타고 들려온다

아버지의 이야기는
언제나 바다로 끝나지 않았다
그 끝없는 수평선 너머로,
나는 그의 발자국을 따라간다
다시 모험이 시작된다

엄마는 참치의 화석이 아니다

캔 뚜껑을 따다
손바닥이 움츠러든다, 다시 펴진다, 앗
고개를 떨어뜨린다
용서라도 비는 것 같잖아
엄마는

누구 맘으로 불리는 단톡방에
통조림처럼 들어가야겠다
찌개를 끓이는 사이사이
여기저기 아우성이 소리 없이 찍혀간다

우리 동네는 덩그러니 있어요

각자 이름을 잃어버린 엄마들이
새로운 수초 사이를 헤치는 저녁

아이들에게 읽어줄 책을 고른다
실은 지쳐버린 자궁이 하고픈 말을 들려준다

환상 교향곡을 받아먹고 자란 연년생에게
욕조에 담긴 참치 한 마리를 꺼낸다
비누를 쥔 듯 미끄러지는 펄떡거림이
지느러미가 화석을 뚫고 솟구친다

스토커

얼어 탄 택시를 내린 시간대가
타인처럼 성큼 들어왔다

나는 이 방이 좀 슬픈가?
오늘의 나는 몇 번째 나지?

이 동네가 나의 눈을 어지럽힌다
빙빙 돌다 주저앉고 말았네
갑자기 찾아온 이석증의 순간처럼

벽은 가만히 서 있는 자세만으로
욕설을 내뱉고 주먹을 친다

그래,
여긴 언니와 이 층 침대를 쓴 기숙사

천장과 가까워진 나는
언니가 절망으로 절인 몸을 이끌고 들어온 날마다

포스트잇을 붙여 표시했다

더는 높이를 가늠하지 않는
1층의 자세가 어떨지 기웃대며

넘볼 수 없는 영역같이,

언니가 재입양한 고양이에 또 서열이 밀린
나의 고양이
그만 울기를 바랄 때까지 목 놓아 갸릉갸릉 거리던

외투를 벗어 덮어주었던 품에 유서를 쓴다
계단처럼 손꼽는 한 몸을 턱에 세우도록

수세권이라는 말

　나는 가장 큰 산이 자란 외딴섬에서 왔어. 감기는 전 지구적이라 기침은 훌쩍거리다 터진 게 아니라고 여권에 적어 대학원에 알렸던 겨울. 포스트잇처럼 붙여 놓았던 얼굴이 클릭 한 번에 전속력으로 떨어져 나갔지. 길 양쪽으로 가로수의 음모陰毛 사이 하천에 잠겨 한국어로 울고 있는 것을 당신은 알았을까. 기숙사 창문이 펑펑 깨질 것 같을 때마다 우리는 은빛의 총과 칼을 녹여냈어. 움라우트Umlaut 발음에 팔려 뿌리와 힘줄이 크레셴도Crescendo를 띄도록 마구 붙이기도 했지. 당신은 뒤셀도르프Düsseldorf 사람 같이 휙 몸을 돌렸어. 마법을 담가놓은 빗장뼈 속 사각형의 방이 주저앉았고 월드컵에서 일본이 독일을 상대로 역전승을 했다고 떠들썩댔던 그때에 말이야. 1층 베란다에 앉아 이변 같은 환절기와 계약했더라면 뷰 대신 기침을 달고 살았겠지. 아무리 수세권이 나의 생가生家라지만, 아 흔쾌히 빼뜨렸던 말!

13주 후

 하느님은 셀카처럼 마트료시카를 두었다. 자신을 아이로 낳게끔 한 것. 이번은 심장이 뛸까? 주치의는 수세권에 들었다며 생명을 판독했다. 검은 햇볕을 처음부터 다시 맞는 호수. 겹겹이 포개진 나무 사이 일곱 명은 불룩한 배를 나눠 갖고 하반신을 마취당한 듯 선 채 첨벙첨벙 아이야! 아이야! 마지막에 닫히는 건 너희들 말고 찌꺼기가 될 나야! 우려낼 대로 우려낸 침출차가 일회용 컵에서 떨어졌다.

 가지 말라는 데로만 흐르는 물살이 자궁 외 임신 같았다.

냉장고와 치매의 100분 토론

분명 냄비를 냉장실에 넣었을 것이다
그러나 냉동실에서 나온 찌개의 죽음

신선하게 보관하려면 냉동실이 더 적합하다는
냉장고의 주장에 고개를 끄덕인다

락앤락 용기는 점점 늘어나고
썰린 채로 버둥대는 나물들
서열처럼 밀려난 밑반찬에는 곰팡이가 슬어간다

냉장고 학파가 말하길:
내용물이 오래가든 썩어가든
그것은 냉장고의 소관이 아니다

과거의 흔적들을 집어넣고 또 과거로 채우는 일
현재를 비워내고 현재를 쏟아내는 밤과 낮

생生은 냉장고의 의무가 아니다

전력이 있는 한 빛을 켜두는 것

문이 닫혀도 계속되는 망각의 영광
양념이 유빙처럼 떠다니는 관념들 속에서
냉장고는 고고히 열린 채 존재한다

소문처럼 흩어져 떠도는 한 사람

엎질러진 바다가 목까지 차오른 채
44초… 45초… 46초…

순박하고 고요하니 안전하리라 믿어
활을 당기듯 돛을 펴 항해를 나섰다

모래알로 바수어지는 것들
호흡이 취약한 머메이드처럼

발목이 접질려 휘청이는 바람
믿었던 이에게 사기를 당한 것 같아

걸음마를 가르치는 파도의 수업일 뿐
돌들의 이마가 매끄럽게 빛난다

구름과 구름의 속도로 나누었던 소문이
궁금해?

죽은 내가,

죽은 태아와 더불어 낳은

다태아

태어나지 않은 목소리는

대각선 너머

우리의 이야기를 흩뜨리며 시작했다

비의 성별

급히 올라탄 기차,
역방향 좌석에 앉아
졸고 있는 세계를 스쳐보니
서로 다른 성별의 빗방울들이
창문에 엉겨 붙어 흐르고 있어

창가 쪽,
그 손이 살며시 떨리더니
언제 깨어났는지
내 손 위에 겹쳐
아프지 않게 눌러오는 그의 온기

우리는 시작점으로 돌아가기에 너무 멀었으니
더 눈을 감으라며 속삭이는
어딘가 낯설고도 익숙한 루틴
잠에 빠져드는 동안 갤럭시 터널을 개통했다

내 꿈의 경전 속에서

작은 생명이 성모에게 청하는 소리가
울려 퍼지네

길을 잘못 들었을 때
종착역이 다시 출발점이 되는 세계가 있다면
새로운 이야기같이 고쳐질 수 있을까?
물속에서만 울 수 있는 물고기처럼
이 세계는 꼼짝없이 네모난 동그라민데

중심 잡는 시계

흘러도 흐르지 않는 시계
얼마나 무료한 주기를 왕복할 수 있을까

빅 벤에 가고 싶어!
상상에 상상을 더하다 보니
고가도로를 건너 도착한 기억력 센터

해가 그림자를 기록할 땐 검정을 쓴다
오늘내일 이번 주 내내
날씨가 검정일 이유

자폐를 앓는 소년이
제 손으로 자폐를 적는 시계
방 안에선 메트로놈이 똑딱이는 시계

발작은 자명종처럼 일으키는 게 아닌
시간이 관여하는 것

그래도 시침을 댕강 베고
분침을 싹둑 잘라
초침을 송송 썰어

돌아가면 먹일 메뉴를 떠올리자.
엄마는 사람 중에서도 가장 노곤한
빅 벤

끌려 나온 눈동자가 먹선을 따라
연필을 쥐는 중심만으로
색을 칠할 수 있다

가보고 싶은 나라를 가지 못하는
난임 같은 시계가 사라졌다

보호자와 상담자를 가리키는 그림
느려도 정확히 보고 있는 회중처럼

통증

흰 강아지의 눈 속은 털로 가득했다. 오지 말라는 손짓에 도 자꾸 따라왔기에 달래며 한두 번쯤 어루만져주고 싶었지만, 엄마는 면역력이 약해 겨울이면 허물이 벗겨지는 내 손바닥을 꿰매듯 잡아주었다.

아버지에게 가는 제주도 비행기에서 나는 담요를 덮고 선잠이 들었다. 강아지 몸을 빠져나온 꼬리를 따라 펼친 먼 하늘. 바다는 흰 구름을 건져 올렸다. 맞닿은 털을 허물로 엮어서 보내는 눈송이처럼.

나선

반고리관에서 떨어진 발자국을 따라
꽃잎들을 모조리 짓밟으며 걸어가면
절대 사라지지 않을 영원에 도달하겠지

그러나 나는 허물어진 집 앞에 멈추었다
그 두꺼운 입방체는 무언가 말하려는 듯
한 번은 관성처럼 기울어졌다

비의 냄새는 바깥으로 흘러가지 않았다
눅눅한 8월의 어느 구간
유지를 받은 복제인간처럼 순응해도 좋았다

누수된 베란다에 도서를 몇 날 며칠 띄웠다
글자로 이룬 바다 위 종이배가 떠다니듯
나는 엮인 아버지의 시집을 날마다 회수했다

야광

광나무와 나무 사이에
뉴캐슬 건축 현수막이 성큼 붙었다

바닥 공사 중인 거리를 지나칠 때마다
풀숲은 베인 채 동떨어져 쌓인다

밤을 걷다 얼굴에 달라붙고
다리에도 엉킨 줄을 잡아떼어낸다
내가 부숴버리고 만 집이여

억눌린 서재를 뒤흔든다
눈길 한 번 주지 않았던 스물두 권의 시집
꾹꾹 눌러 담은 기밀이라도 있을까

조롱이 떠다녀요.
해독이 필요해요.

여기부터,

전구의 민낯을 받아 따라 적는 시

모가 튀어나온 시멘트 벽틈
수직형 사다리 달린 이중침대처럼
위쪽엔 나뭇가지들이 눕고
이끼와 바랜 잎이 아래쪽에서 잠잔다

벽을 밝히는 염낭거미의 흰 성호가
낮은 건물의 어깨를 짚으며
자신이 먹이가 되도록 치는 궤도

곧
새로운 야광들이 꿈틀거리다 산실을 끊고…

회전문에 낀 염낭거미

낙찰되길 기다리다 덜미를 잡혔달까
짚을 만한 게 없어 미끄러질 뿐

교차하는 회전문을 파고들다 낀 채
처음으로 먹잇감같이 파닥인다

소멸과 탄생의 실루엣이 반짝반짝
유리마다 창백한 열기를 뿜는 낮

사레들려 컥컥 대자 염낭거미가 나왔다
산실을 살피듯 물잔을 내민 뒤
자신 쪽으로 쟁반을 끌어당긴다

모든 증후군의 증후군 같은 면발이
뒤죽박죽 섞인 신도시
먹다 그만둔 식사를 물리지 않고

건더기 국물까지 말없이 먹어 치운다

자기 몸을 다 줘야 안도하는 어미처럼

문지아의 시세계

통점을 눅이면서
당신 쪽으로 산란하는 빛의 서사

정훈

문지아의 시세계

통점을 눅이면서
당신 쪽으로 산란하는 빛의 서사

정훈

(문학평론가)

하얗게 명멸하는 밤이 있다. 깜박이는 흰빛 속으로 태아처럼 기어들어가 맞이하게 되는 밤의 눈동자에 온몸을 던지면 사라지지 않고 채근하는 불면의 시간이 있다. 이 불면의 세계에서는 동화 같은 현실, 아니 현실을 거꾸로 매단 채 백일몽이 엄습하면서 걸어온다. 그 새하얀 빛에 사로잡힌 꿈을 꾸면 숨 쉬는 일조차 까마득한 지난날의 일기장처럼 잊히고, 다만 색채를 달리하거나 임의로 기우는 형식의 메마른 풍경만이 공중을 활보하는 날짐승처럼 어지럽게 지나갈 뿐이다. 글자가 태어나는 곳으로 저울질하는 마음을 살펴보면 우리를 건드리는 것은 허상과 환상이 만들어 내는 허위의 감각이라는 사실을 알 수 있다. 하지만 아무리 허상이나 환상이라고 하더라도 순간의 감성과 느낌은 거부할 수 없는 진실의 낌새를 드러내는 명백한 '현실'이다. '악몽'이 꿈의 일종이지만, 그러한 꿈으로 해서 꿈꾸는 자의 머릿속에 지워지지 않고 달라붙어 있는 내면의 생채기를 거부할 수 없듯이 말이다. 그러니까 말은 현실과 환상, 혹은 사실과 거짓이 씨줄과 날줄처럼 서로 엉기면서 교란하는 생생한 단면을 유추할 수 있게 하는 정직한 단서이다. 하물며 '시'는 그런 말에 시인의 생기와 정신이 스며든 살아 있는 '감각체'라고 할 때, 우리는 시를 매개로 시인의 내면과 감성의 근원을 더듬을 수 있기도 하는 것이다.

문지아 시집 『당신의 울음을 필사하는 하얀 밤』을 펼치면 새하얀 불면과 함께 밀려드는 백광白光의 입자가 온몸을 포박하듯 달려든다. 마치 오래된 세계에서 뛰쳐나온 요정이 몰고 오는 빛무리처럼, 잊고 있었지만 언제든 되살아나 자신을 통째로 들어 올려 향하게 하는 세계 이면의 형식 속으로 성큼 들어선 사실을 생각하곤 소스라치며 놀라게 된다. 이러한 현상은 어째서 생겨났을까. 왜 아름다움은 둔중한 걸음걸이처럼 지나가는 언어의 세례를 받고 나서야 찾아오는 눈물 같은 것일까. 시간이 멈춘 듯 영원히 잠기어 있을 것만 같았던 바다가 바람의 결을 따라 움직이면서 마침내 쓰나미 되어 요동치듯,

울음은 말을 긷는 몇 번의 자맥질과 여러 번 헛디딘 발걸음이 지나간 자취에 비로소 떠미는 밀물 같은 것이리라. 이런 과정은 시인이 느끼는 세계와 현실이 경험적 자아와 이상적 자아 사이의 지난한 힘겨루기 끝에 반점처럼 번져 신열身熱을 앓게 된 풍경화와 다를 바 없다는 자각과 관계한다.

>빛을 건디던 문장들이
>폭포처럼 쏟아져 내렸다
>눈앞에서 먹이를 놓친
>굶주린 육식동물처럼
>눈, 눈빛, 눈알, 눈동자…
>모든 것이 흔들리고 있었다
>
>…(중략)…
>
>엇갈리며 닫힌 트렁크들이 꿈틀거린다
>잘못 담긴 불온한 숨들이
>서로를 물고 뜯으며 요동친다
>미래가 통째로 몰락해 갈 그 거리를
>조용히 눈으로 쓸어내린다
>
>수요일의 표정을 두른 얼굴을 기다리며

되돌이표처럼 돌고 도는 질문들을 맞는다

다시 가져볼 수 있을까

언어가 문장이 되며

어떤 장면으로 환생하는 순간을

모든 별이 떨어지는 순간,

바람이 일어났다.

침묵 속에서 하얀 소름이 돋는다

그것은 시작이었다

재앙이 스며드는 순간.

세 번의 긴 침묵이 지나가고

기다리다 새로운 채널을 추가한다

사건들이 비처럼 내리는 안개 속에

깊이깊이 스며든 첫날

여기저기 모르는 사람들의 집들이

허물어 내리기 시작하고

당신보다 훨씬 커다란 체취 안에서 나는

이제 단단히 고정되고,

더 이상

'만약'을 키워내지 않도록 한다

—「백야」부분

"침묵 속에서" 도는 "하얀 소름"이란 표현에 주목하면 시인의 문장은 공기의 온도가 바뀌면 때때로 생겨나는 살갗의 두드러기 같은 것이 아니라, "빛을 건디던 문장들이/ 폭포처럼 쏟아져 내"리듯 '하혈下血'에 비견되는 것처럼 필연적인 인과성을 띤다. 무엇이 말을 끌어 올려 '문장'의 어법과 규칙을 정렬하면서 반듯하게 보이는 현실의 표면을 뒤집고, 할퀴고, 흠집을 내는 것일까. 그 '무엇'의 기원을 더듬는 일은 요원하다. 그러나 쏟아져 내린 문장들이 절로 안착하는 그림을 보는 일이야말로 새로운 기원을 여는 시작점이자 출발이라는 사실, 이는 "더 이상/ '만약'을 키워내지 않도록" 하는 결심으로 탈바꿈하는, '시적 탄생'의 타이머가 작동되는 시각으로 바라보고 싶다. 모든 게 하얗게 탈색되기 시작하는 저녁이 오면 더욱 울창한 흰빛으로 파고 들어가서 비로소 쨍쨍한 밤을 맞이하는 자아의 눈짓이 보내는 언어로 가득 찬 이야기를 다시 들어보자.

당신의 이목구비가 비로소 서사를 갖기 시작하였다

특이점 없는 무험의 속 오늘의 날씨에서
의지를 가지고 바라보는 너는
가만히 가만히 나를 계산하고 있었음이라
발화되기도 전 표정들과 함께 다 잠겨버린 소식들의 혀를
더 이상 구해내지 않음으로써 이해를 포기하며

각자 구기다 놓아버린 무용의 종이컵들처럼
사연은 점점 멀어져 간다

오직 한 사람의 표정으로만 성큼거리던 저녁
소용이 다 되어 떨어져 나가는 포스트잇처럼
이제 '세월'에서의 오늘이 곧 떨어져 나갈 뿐

당신의 울음을 옮겨 적는 밤
열정은 좀처럼 뜨거워지지 않는 그런
내 눈에 이미 가득 차오르는 것이 계절임을 모르고
자꾸만 자꾸만 봄으로 뒷걸음질 치는 나는

드문드문

있다

건너갈 수 없는 하나의 몸을 오래오래 쫓는다

아무런 기억도 기억해 내지 않은 채

그저 전속력으로

지나쳐야만 했던
　　―「당신의 울음을 필사하는 하얀 밤」 전문

　건조함과 축축함 사이에서 머뭇거리기, 혹은 물기 어린 세계를 떠올리며 "소용이 다 되어 떨어져 나가는 포스트잇처럼" 무의미하게 하루하루 넘겨버리는 시간과 맞추며 진공과도 같은 세계에 끼어 쓸쓸하게 나부끼는 듯한 이미지는 어쩌면 단순한 독법인지도 모른다. "당신의 울음을 옮겨 적는 밤/ 열정은 좀처럼 뜨거워지지 않는 그런/ 내 눈에 이미 가득 차오르는 것이 계절임을 모르고/ 자꾸만 자꾸만 봄으로 뒷걸음질 치는 나는" "건너갈 수 없는 하나의 몸을 오래오래 쫓는다", 이 야윈 심사心思가 좇는 세계는 화자가 머무르고 싶지만 쉽지 않았던 또 하나의 꿈을 조심스레 펼치며 비추는 영상이다. 그런 의미에서라면 "당신의 울음"이 상기하는 속살은 슬픔이나 우울함이 가득 찬 메아리라기보다는 차라리 화자에게 보내는 미지의 음성, 혹은 받아쓰면서 복기해야 하는 '이상적인 세계'일 가능성이 높다. "당신의 이목구비가 비로소 서사를" 갖추기 시작하는 때와 비로소 글을 쓰기 시작하는 무렵은 겹치거나 포개진다. 서사가 전하는 '이야기'는 현실에서는 도저히 재생하기조차 힘들었던 시적 진실이요, 먼 꿈속에서부터 발원하여 언제라도 의식을 추동하면서 시인의 등을 떠미는 눈에 보이지 않는 대본이다.

삶의 대본에는 지문이 없다. 해설도 없을뿐더러 오로지 인물의 심리에 따른 사건과 선택, 그리고 의지와 관계없이 시시때때로 급변하는 배경과 감정의 진폭만이 오롯하다. 이러한 유한한 삶의 조건이 시인에게는 무한하고 열려 있는 세계로 진입하는 통로가 되기도 한다. '시인의 등을 떠미는 눈에 보이지 않는 대본'을 숙명이나 운명으로 받아들이지 않고, 현실 세계 뒤편에 오래전부터 자리 잡으며 생성과 소멸을 거듭하는 시·공간으로 마음의 너비를 확장할 때 시인의 말은 직유의 단순함을 너머 상징의 드넓은 창공으로 유영하는 메시지가 되는 것이다. 이 메시지는 시인의 입술을 통해 흘러나오는 무의식적인 신음이자, 신열에 달뜬 기호다. 문지아의 시편은 그런 뜻에서 본다면 실재와 상상, 그리고 의미를 전하는 시간과 의미 없이 한 장씩 일력日曆이 떨어져 나가듯 건조한 시간을 가르고 찢으면서 비상하려는 몸짓이다. 이는 '하루'가 선사하는 또 하나의 '시간의 단층'에 이제 비로소 펜을 들고 새로운 세계의 시작을 새기겠다는 의지의 반영인 것이다. 이 행위가 가능해진 까닭은 그동안 무수한 울음소리를 빨아들이면서 생긴 의식의 내성耐性과 시인에게 문학의 순기능으로 작용하는 창조적 에네르기가 발현했기 때문이다.

아무리 기다려도

무너진 뼈대로 자꾸만 헛돌며 다가오는

바람

머물렀던 것들이 깊은 흉터를 남기며

통증을 전해오지만

눈사람의 체온처럼 차갑기만 했지

편의점 테이블 위

잔뜩 구겨 버려진 종이컵들의 양상으로

가장 바닥에 있어야만 제 몫을 해낼 수 있는

닻처럼

끝까지 전력을 다해 가라앉아야

비로소 떠오르는

아픔도 있다

영혼이 없는 눈동자는 자꾸 지워져 가지

어둠 속에서 당신의 시선은

이미 소진되었고 말이야

낯선 사람의 이름만 살고 있는

당신의 입술만이 반짝거린다

입술을 무수히 떠다니던 문장들의 무덤에는

묵직한 침묵만이 순장된다

— 「닻」 전문

"가장 바닥에 있어야만 제 몫을 해낼 수 있는/ 닻처럼/ 끝까지 전력을 다해 가라앉아야/ 비로소 떠오르는/ 아픔도 있다"는 진술은 '닻'이라 비유한 객관적 상관물의 비유적 의미이기도 하고 "문장들의 무덤에" 순장되는 "묵직한 침묵"의 이면적 의미이기도 하다. 그러니까 침묵으로 순장되는 글의 무덤이 지니는 이중의 성격을 가늠할 수 있다. 그것은 아픔이나 고통으로 다가오지만 끝내 영감을 주면서 시인의 창작 의지를 부채질하는 언어의 공동묘지이다. 죽은 언어란 뜻이 아니라 언제라도 파헤쳐서 되살릴 수 있는 말의 뭉치들, 이 언어의 무덤 속에 진동하는 울음소리와, 고통과, 지난 시간의 흙먼지에 바랜 피붙이와, 숨죽여 보낸 '실어증'과 같았던 침묵이 있다. 침묵을 데리고 가라앉은 닻은 이끼 낀 바람에도 흔들리지 않을 듯하지만 바닷속 육중한 해일의 파동에 짐승의 울음소리를 토하며 순산하듯 자모字母의 앞머리를 보여준다. 시인은 남몰래 쟁여둔 언어를 하나씩 꺼내 낯선 이들만 웅성거리는 세계를 호명한다. 붙들린 존재에게서 흘러나오는 비린 말(언어)의 공간에 오랫동안 유폐되었던 이름이 마침내 풀려나와 광장을 활보할 때 시의 언어는 생명력을 얻고, 이 생명력으로 말미암아 닻에 중심을 두면서 바람 따라 유영하는 '돛'의 어깨에 올라설 수가 있으리라. 그러니까 시인의 시 쓰기란 상상의 화수분으로서 말의 무덤을 파헤치는 순음脣音의 음성, 영원히 닳지 않는 입술의 소리인 것이다.

절망은 사람의 목발이라네

맨 앞에서 발목이 슬어 더 이상 나아가지 못하는

그 사람의 꿈들이 떠나간 자리엔,

베개처럼 눕는 슬픔들이 물속으로 가라앉고 있어

통곡은 리허설조차 없이 매혹적이야

누구의 가슴에도 각주로 달 수 없는 슬픔,

어느 기도문에도 퇴고되지 않는 기도들이

범람하고 또 범람하지

계절마다 되풀이되는 건

삶을 구원한다는 사제들의 말뿐,

그러나 그 말마저 얼어붙어 가는 것을 보았네

무겁게 언 강물 위로는

시간이 부서지며 흘러가고,

떠난 자들의 흔적은 빛을 잃은 채

물결 속으로 잊혀 가고 있지

물속 깊은 곳에서조차

여전히 들려오는 건 한숨 같은 물결 소리.

희미한 희망조차 녹아내린 땅,

> 그러나 그곳에도 아픔을 감싸안은 봄이
>
> 언젠가는 찾아올까
>
> 아니, 그저 얼음이 녹아 흐르는 일만 남았을까
>
> ―「수몰지구」 전문

완전히 가라앉아 슬고 녹아 없어지더라도 시인이 보고 기억하는 것은 이전에 존재했던 세계의 연혁과 얼굴이다. 그러므로 "절망은 사람의 목발"이기에 세상의 모든 침잠은 생명의 징검다리가 된다. '수몰지구'가 그리는 비극적인 세계는 한편으로 모든 것을 잃어버린 존재의 슬픔, 다시 말해 "누구의 가슴에도 각주로 달 수 없는 슬픔"을 나타내지만, 시인은 그렇게 침몰하는 세계를 생각하면서도 '희망'이라는 말을 언어의 무덤에서 꺼내 든다. 희망은 슬픔 끝에 가까스로 붙잡히게 되는 무의미한 자족自足의 낱말인 경우가 많다. 완전히 무너져 버린 세계에 다시 세울 수 있는 것은 아무것도 없다. 그런데도 시인이 희망을 끄집어낸 이유는 절망이 딛고 가는 땅 위에 흘린 고름과, 피비린내와, 짙게 밴 한숨을 걷어내려고 했기 때문인지도 모른다. 절망은 희망의 맞은 편에서 시소처럼 오르내리는 상심의 표지이다. 그렇지만 희망은 절망의 맞은편이 아니라 절망의 꽁무니에서 절망이 지나는 자리 끄트머리에 다시금 태어나는 절망의 사산아死産兒다. "그러나 그곳에도 아픔을 감싸안은 봄이/ 언젠가는 찾아"오리라는 가능성마저 이미

지워진 세계라면 「수몰지구」란 시조차도 애초에 생겨나지 않았다. 이는 죽음과도 같은 절망에서 빠져나와 후일담처럼 고통스러운 이미지를 복기하는 시인의 마음 한 자락의 반영일 수도 있겠다.

    급히 올라탄 기차,
    역방향 좌석에 앉아
    졸고 있는 세계를 스쳐보니
    서로 다른 성별의 빗방울들이
    창문에 엉겨 붙어 흐르고 있어

    창가 쪽,
    그 손이 살며시 떨리더니
    언제 깨어났는지
    내 손 위에 겹쳐
    아프지 않게 눌러오는 그의 온기

    우리는 시작점으로 돌아가기에 너무 멀었으니
    더 눈을 감으라며 속삭이는
    어딘가 낯설고도 익숙한 루틴
    잠에 빠져드는 동안 갤럭시 터널을 개통했다

내 꿈의 경전 속에서
　　작은 생명이 성모에게 청하는 소리가
　　울려 퍼지네

　　길을 잘못 들었을 때
　　종착역이 다시 출발점이 되는 세계가 있다면
　　새로운 이야기같이 고쳐질 수 있을까?
　　물속에서만 울 수 있는 물고기처럼
　　이 세계는 꼼짝없이 네모난 동그라민데
　　　　　　　　　　―「비의 성별」 전문

　아픔이 오래되면 아픔이 사라지고 눅눅한 흉터가 자리 잡아 상처를 증명하듯이 일상의 온기가 지속되면서 지금 이곳의 현실과 시간을 되짚으며 새삼스럽게 생을 반추하기도 한다. "우리는 시작점으로 돌아가기에 너무 멀었으니／ 더 눈을 감으라며 속삭이는／ 어딘가 낯설고도 익숙한 루틴"에 사로잡혔지만, 그런 포획된 생의 물집을 달고서도 아파하지 않는 우리다. 어디가 시작점이고 어디가 종착점인지 묘연한 생의 터널에서 출구와 입구를 바꿔 선택해도 아무렇지도 않게 출구를 향해 나아가고 있다고 생각한다. 세계 속으로 덩그러니 내던져진 실존이기에 그렇다. 이런 아이러니가 "새로운 이야기"를 갈망하지만, "물속에서만 울 수 있는 물고기처럼／ 이 세계는 꼼짝없이 네모난 동그라"미란 진술처럼 마치 올가미에 걸려든 짐승과도 같은 운명의 궤도에 발을 내디딘 우리가 아닐까. 희망이 저무는 세계에서 절망이 빵처럼 부풀어 오르는 나날 한복판에 들리는 울음소리는 어디에서 쏘아 올린 신호음일까. 시인은 헛배가 부풀 듯 끝없이 차오르는 생의 허기와 한기를 한 자 한 자 기록한다. 오랫동안 차가운 바닥에 눌러앉아 말라 붙어버린 창백한 꽃 이파리처럼 언제 날개가 돋아나 새로운 이야기가 펼쳐질 공간으로 흘러갈 수 있을까.

새로운 이야기는 빛이 탄생한 지점으로 고개를 돌리면서부터 시작한다. 흰빛에 눈이 멀어 불면의 세계에 접어들지만, 다시금 각색되는 말의 모서리를 그러쥐면서 기록하는 손아귀는 끝나지 않을 것처럼 보인 하얀 밤의 장막마저 흔들게 됨을, 이야기하는 목소리와 그 기나긴 서사를 응시하는 눈동자가 합류하면서 그리는 풍경을 시인은 펼쳐 보인다. 문지아에게 시는 참았던 숨을 비로소 내쉬게 해주는 생의 마중물이다. 시인이 헤쳐왔던 삶의 터널에서 마침내 폭포처럼 쏟아져 내리는 문자의 세례를 바라보곤 두 팔을 힘껏 벌려 시의 궁전에 무전을 타전하는 신호수처럼, 어느 날 길을 가다 보게 된 낡은 세계 속 빛나는 광열光熱을 느낀 사람처럼 문득 소스라치게 멈춰 서게 하는 생의 부호다.

반고리관에서 떨어진 발자국을 따라
꽃잎들을 모조리 짓밟으며 걸어가면
절대 사라지지 않을 영원에 도달하겠지

그러나 나는 허물어진 집 앞에 멈추었다
그 두꺼운 입방체는 무언가 말하려는 듯
한 번은 관성처럼 기울어졌다

비의 냄새는 바깥으로 흘러가지 않았다
눅눅한 8월의 어느 구간
유지를 받은 복제인간처럼 순응해도 좋았다

누수된 베란다에 도서를 몇 날 며칠 띄웠다
글자로 이룬 바다 위 종이배가 떠다니듯
나는 엮인 아버지의 시집을 날마다 회수했다

―「나선」 전문

 새로운 생의 부호로써 시가 시인 앞에 다가왔듯이 시인에게 이 세계와 현실이 새롭게 무대 위를 장식하는 배경이 될 수 있을까.「나선」은 퇴색했지만 날마다 무늬를 바꾸는 하나의 기억 앞에 선 화자의 내면이 응시하는 자리를 보여준다. 그곳은 "절대 사라지지 않을 영원"이다. 하지만 늘 제자리로 돌아오고야 마는 쳇바퀴처럼 "허물어진 집 앞에 멈추"고 "관성처럼 기울어"지며 "무언가 말하려는 듯"한 "두꺼운 입방체"를 떠올린다. 이러한 '낡은 집' 이미지는 '아버지'의 기억과 깊은 연관이 있다. 시인의 아버지인 '시인 문충성'은 시인에게 오롯한 기호로 남아 있다. "나는 엮인 아버지의 시집을 날마다 회수했다", 망각하려는 의지와 불러 세우려는 의지, 혹은 다소곳이 앉아 아버지의 음성에 부드럽게 화답하려는 의지와 홀로 삶의 길을 재촉하려는 의자가 부딪치면서 생긴 미세한 균열이 만들어 내는 섬광은 첫 시집인 『당신의 울음을 필사하는 하얀 밤』의 서시와도 같은 다음의 시에서 확연해진다.

> 숨소리가 절필을 앞둔 것 같다
> 적절하고 합당한 시기에 바쳐야 할
> 마지막 눈물을 가둬야 한다
> 비가 움푹 그린 동그라미, 동그라미
> 하늘도 땅을 섬긴다는 영전靈前일까
> 당직처럼 남아 병실이 끓는 동안
> 아버지께 전공을 들킨 듯 다른 길을 간
> 가방 속 여권을 내려놓는다
> 포트가 감실대듯 쿡쿡 밭은 후에야
> 잊었던 커피 분말을 끄덕 쏟자
> 모래 위 뛰놀던 그 시절의 소녀가

놀이는 끝났다며 운동화를 벗고 다가온다

야금야금 뒤축의 피를 빼는 구두를 신고

벌써 두 달째 머무른 1103호실

처음엔 두터웠던 일력이 뜯겨 야위어질 때

마흔이 넘어서야 주워듣는 역설의 소리

절필이 아니라 시를 쓰는 새로운 숨소리

비로소 제주 바다의 풍랑이 옮겨 쓰는 서시

　　―「서시의 반대말도 모르는 서시 ― 아버지 문충성
　　　　　　　　　　　시인께」전문

　떠남과 돌아옴이 교차하는 시간의 굴레에서 점점 멀어지는 것과 차차 보듬게 되는 것을 생각한다. 기억 속에 평온히 자리 잡고 있는 공간이 현실을 에워싼 생활세계와 의식에 어떤 지문指紋을 남길까. 오직 낌새만이 지문을 몰고 올지도 모를 일이다. 아버지의 죽음에 잇따라 찾아오는 "바다의 풍랑이 옮겨 쓰는 서시", 이 끝임없을 것만 같은 언어의 습작 앞에서 우리는 무엇을 보태고 무엇을 뺄 수 있겠는가. "절필을 앞둔" "숨소리"는 새로운 서사를 앞두고 펜을 쥔, 삶의 서문을 알리는 말이 들썩거리기 시작할 무렵 비로소 움직이게 된 손가락의 맥박이다. 불규칙한 숨소리가 규칙적인 숨소리로 전환하는 그 시각 시인은 시를 쓴다. 지금까지 몸을 짓눌렀던 아픔의 꼭짓점을 부드럽게 어루만지면서, 천천히 번져가는 울음의 소리가 옅어질 때까지 사각거리는 연필의 동선에 마침내 산란하는 빛이 다가옴을 본다. 이 빛은 말과 글이 힘겹게 그러모았던 이야기를 펼치는 투망이요, 비릿한 바다가 몰고 오는 먼 그리움의 발치에서 당신 쪽으로 성큼 다가서는 시의 안색이다. 문지아 시집 『당신의 울음을 필사하는 하얀 밤』은 그렇게 씌어졌다.

| 문지아 |

1973년 제주 출생. 연세대학교 대학원 독어독문학과 석사과정을 졸업했으며, 2023년 『시사사』로 등단했다. '시다' 동인으로 활동 중이다.

이메일 : jiah0328@naver.com

현대시 기획선 141
당신의 울음을 필사하는 하얀 밤

초판 인쇄 · 2025년 10월 30일
초판 발행 · 2025년 11월 5일
지은이 · 문지아
펴낸이 · 이선희
펴낸곳 · 한국문연
서울 서대문구 증가로29길 12—27, 101호
출판등록 1988년 3월 3일 제3—188호
편집실 | 서울 서대문구 증가로31길 39, 202호
대표전화 302—2717 | 팩스 · 6442—6053
디지털 현대시 www.koreapoem.co.kr
이메일 koreapoem@hanmail.net

ⓒ 문지아 2025
ISBN 978-89-6104-402-8 03810

값 13,000원

＊ 잘못된 책은 바꾸어 드립니다.